Bibliografische Informationen
der Deutschen Nationalbibliothek:
Die Deutsche Nationalbibliothek verzeichnet diese
Publikation in der Deutschen Nationalbibliografie;
detaillierte bibliografische Daten sind
im Internet über www.dnb.de abrufbar.

Herstellung und Verlag:
BoD – Books on Demand, Norderstedt

ISBN 978-3-7347-7437-9

high10

Zeichen Sprache

— — ❀ — —

WeißHighTen für Fortgeschrittene
Ein Anti-Stress-Buch
von galactic jokes berlin.

galactic jokes berlin

Allseits bekannte Aussprüche
und geflügelte Worte in Zeichensprache
(wie z.B.: den Stein ins rollen bringen,
Zucker in den Hintern blasen,
Maulaffen feilhalten, mit Kind & Kegel
oder sein Geschäft machen usw. ...).
Ein Vergnügen, sie wiederzuerkennen.

Wenn jemand nicht drauf kommt: die
Übersetzungen stehen auf den letzten Seiten.

Viel Freude damit
wünscht die Zeichnerin Maren Roloff.

den

die 1. werden die

sein

die

sich die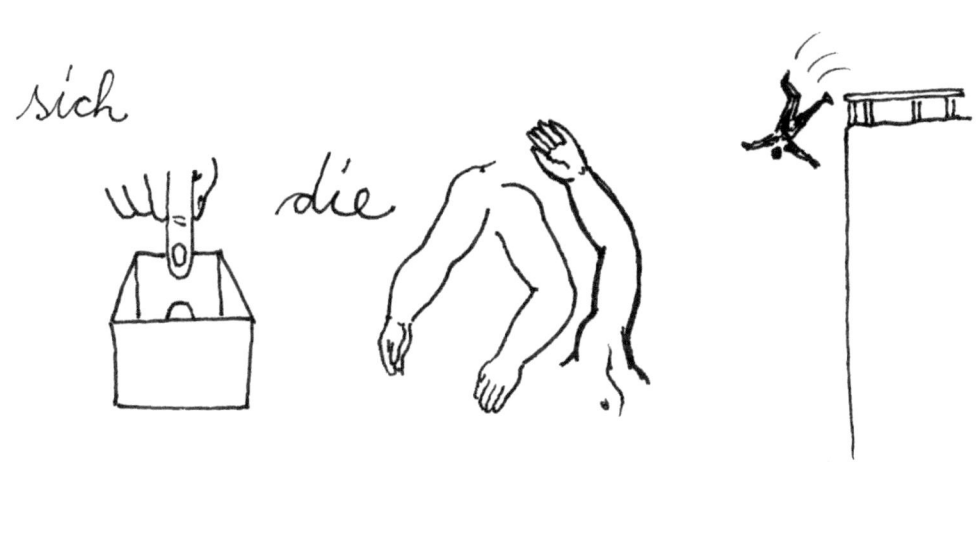

ohne
mit der

closed

zucken

sein

machen

mit 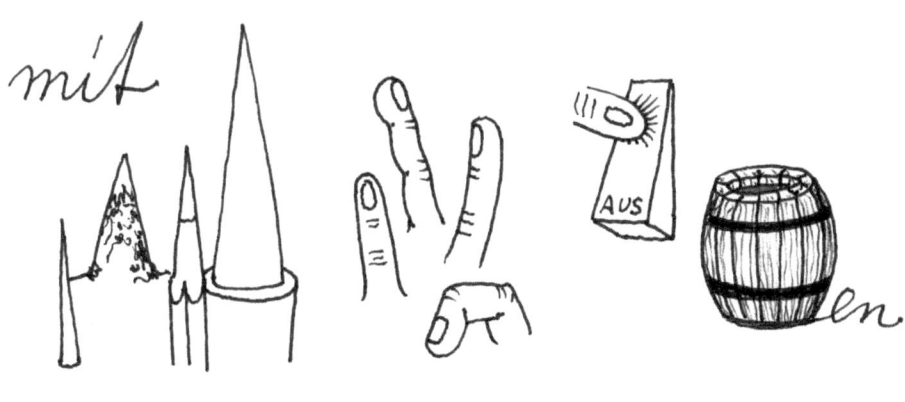 *en*

_____

sich *seinen*

_____

3

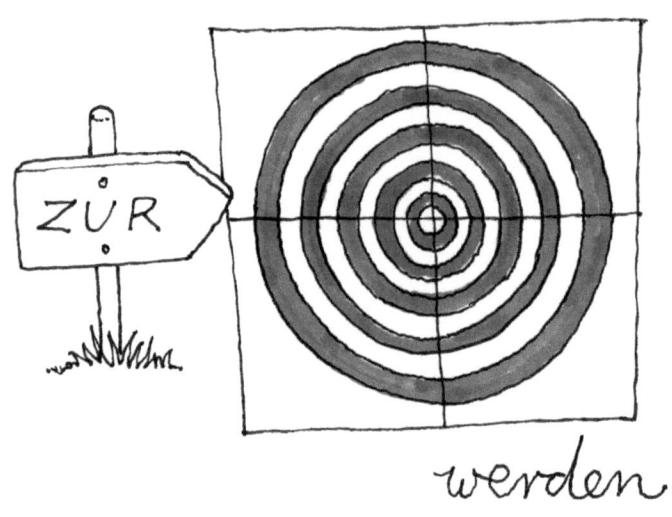

werden

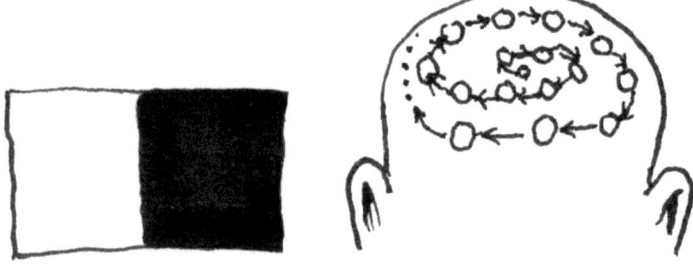

die

dem

holen

der

sich

wie immer !

sich

den

helfen

der

wachsen

lassen

---

das ♡ am

haben

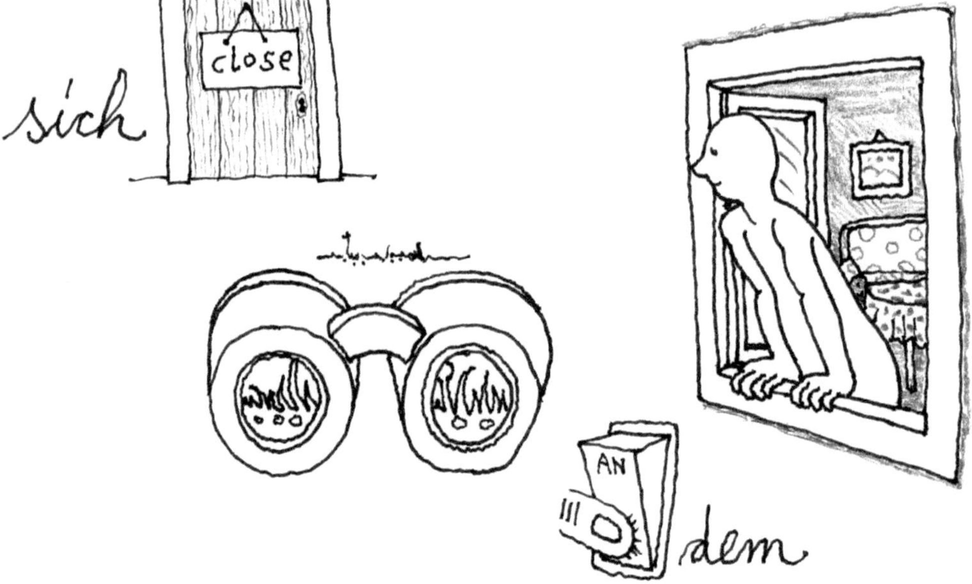
sich
close
AN
dem

jemandem
den
ver

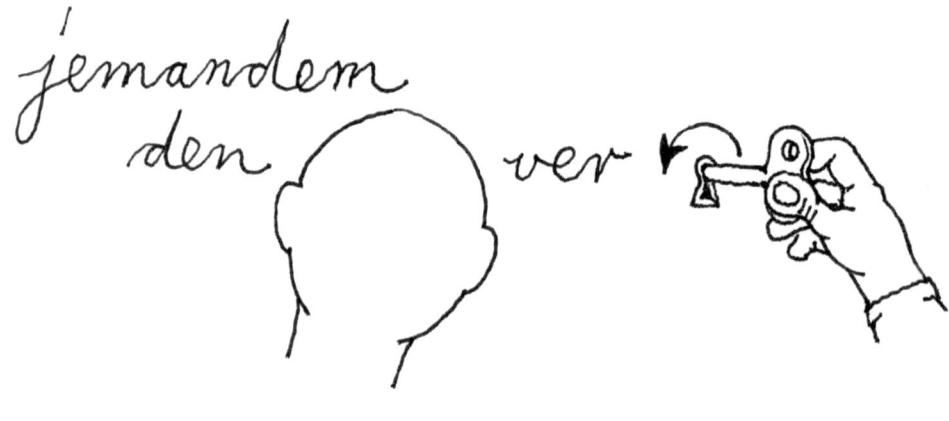

dem

sich selbst

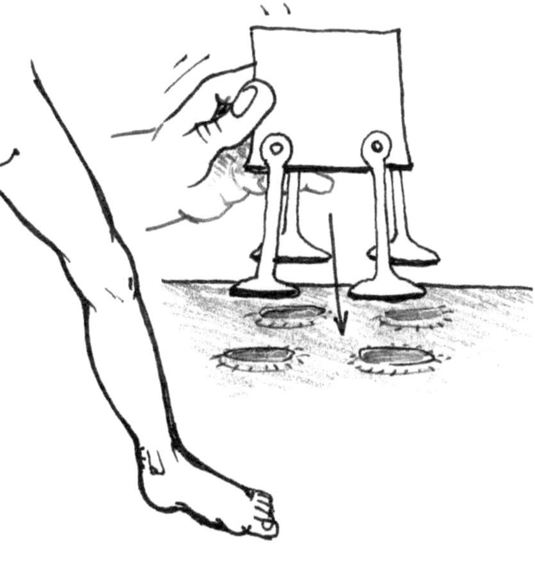

1

zwischen **2**

die

mit
den

bis daß sich die

die

es von den

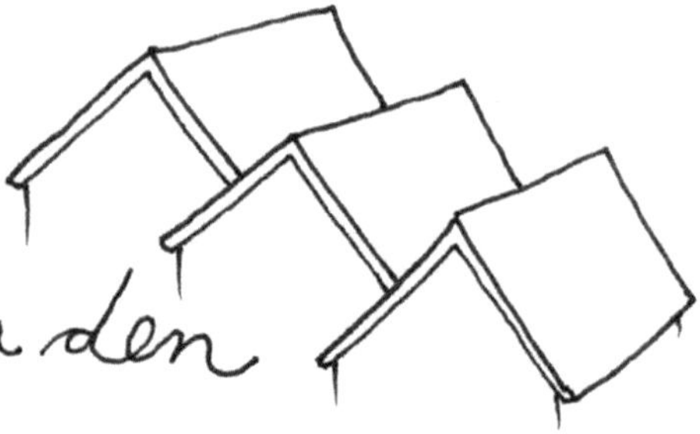

machen

1

so so...

haben

die *kriegen*

den  ins

bringen

---

der

des

sein

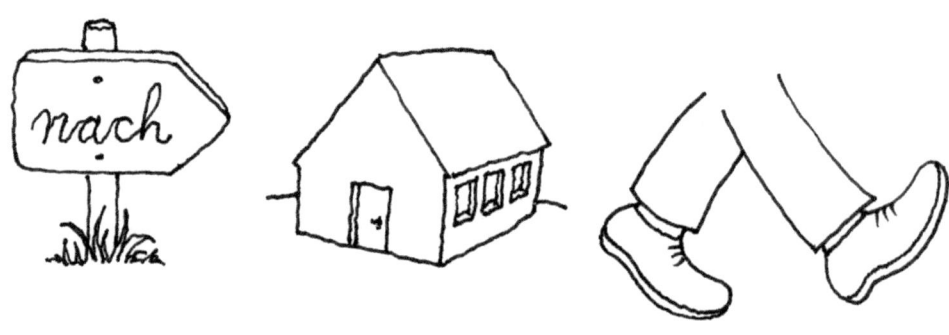

nach

sich

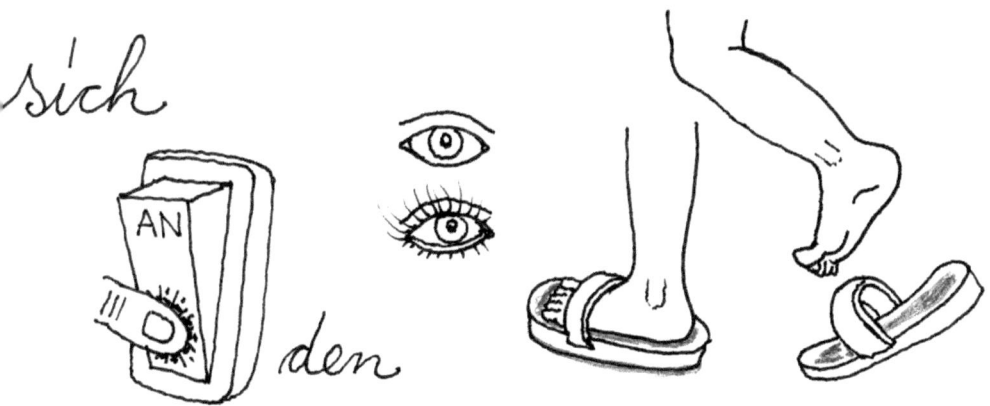

den

mit

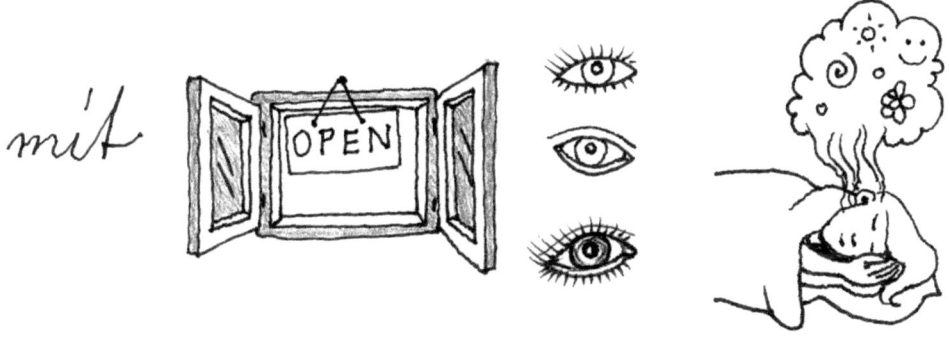

sich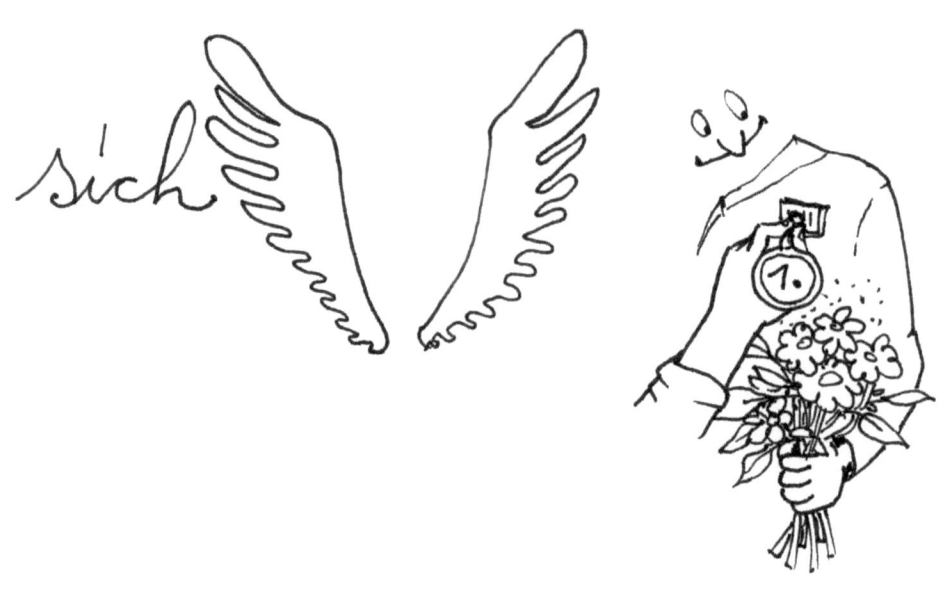

wie bitte?

sich
das

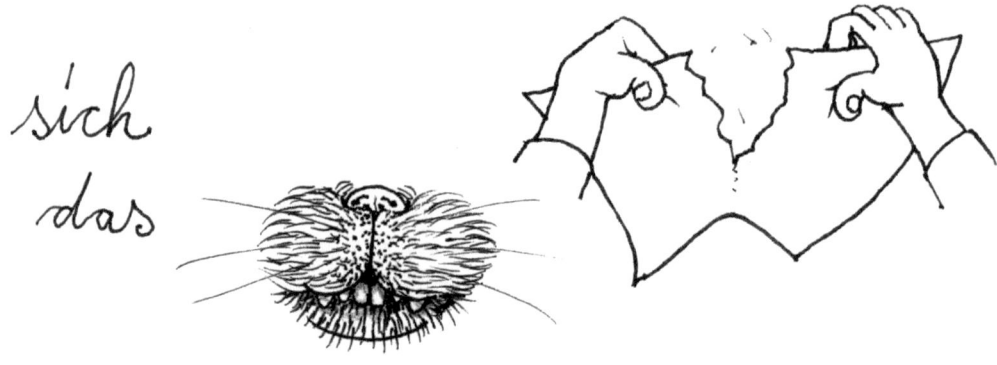

22

sich
etwas

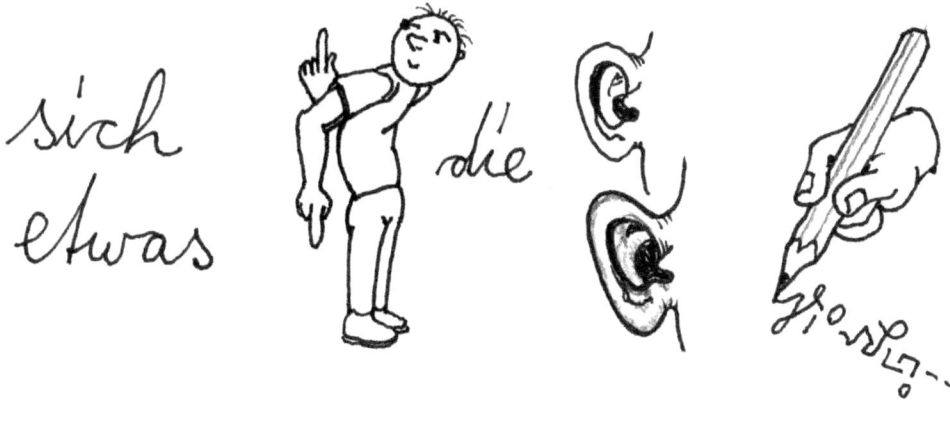

die

mit dem

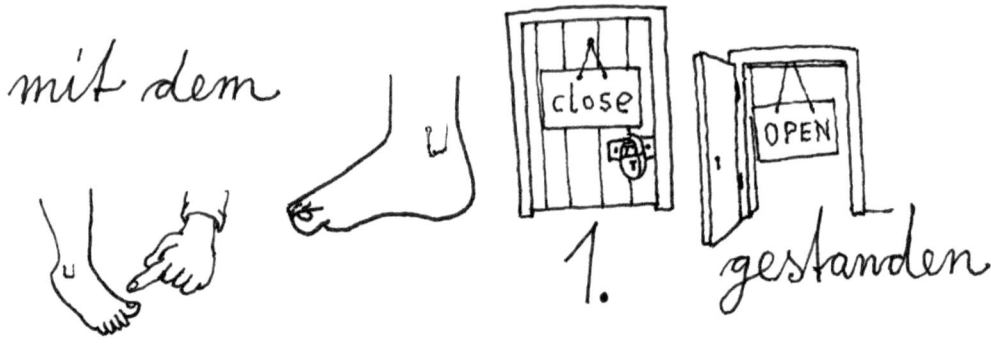

1.

gestanden

es

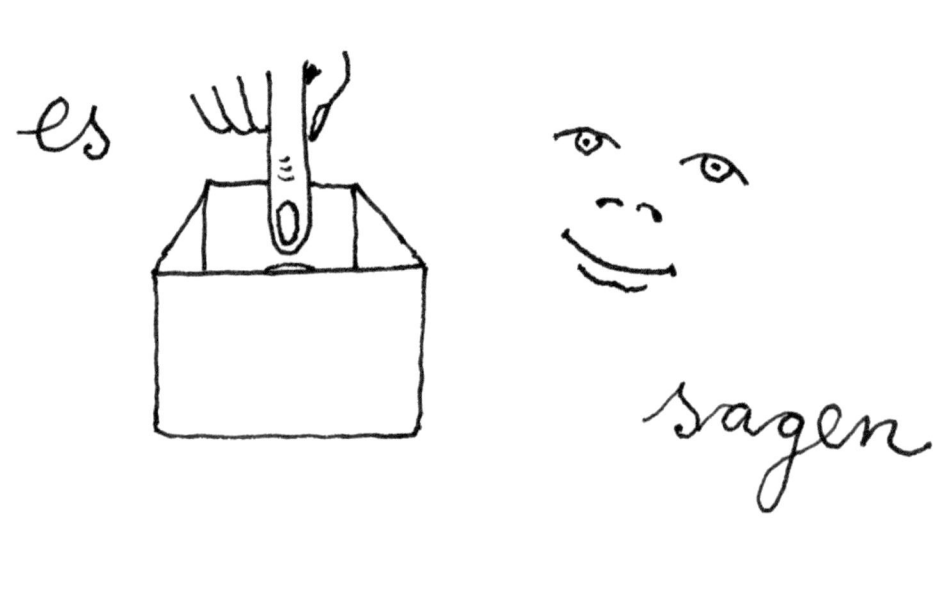

sagen

den

kommen

alle

sind 3

das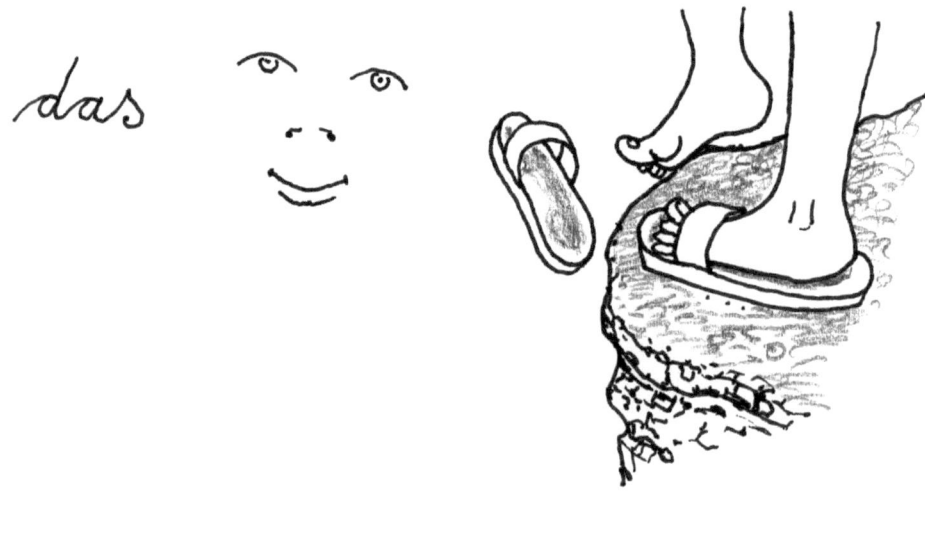

1 den

der

voller

der

ver

der

high T

FIN

29

gelassen
werden

dessen

den

lassen

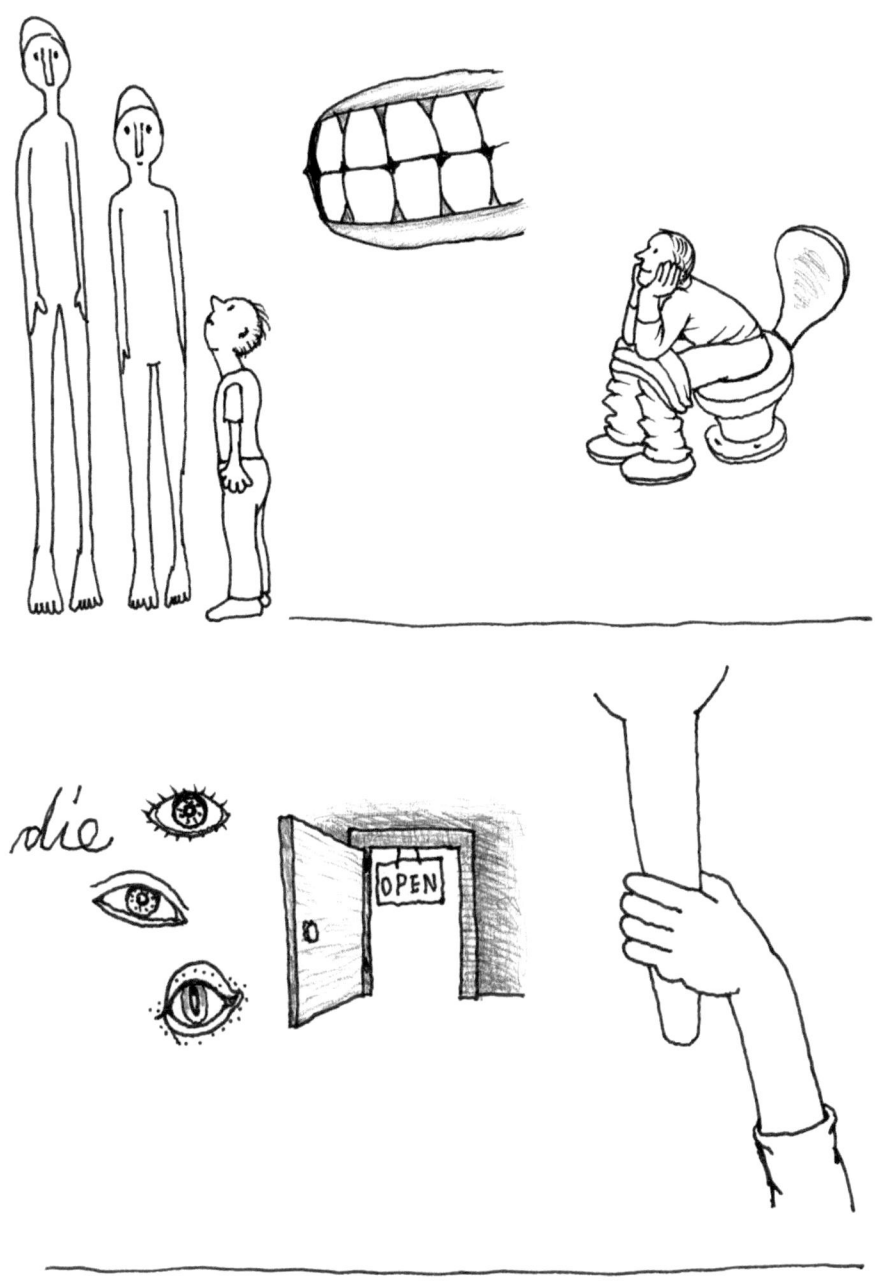

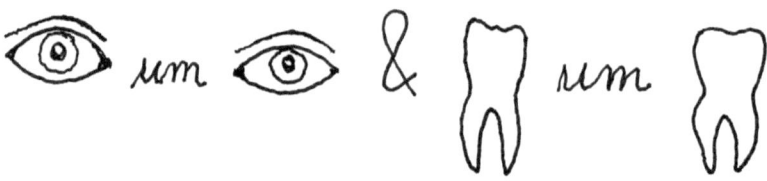

etwas

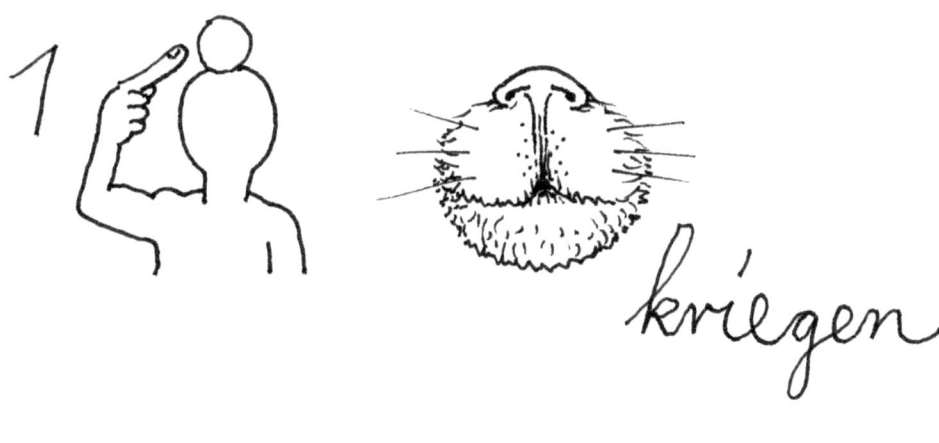

kriegen

den

die *h* hat

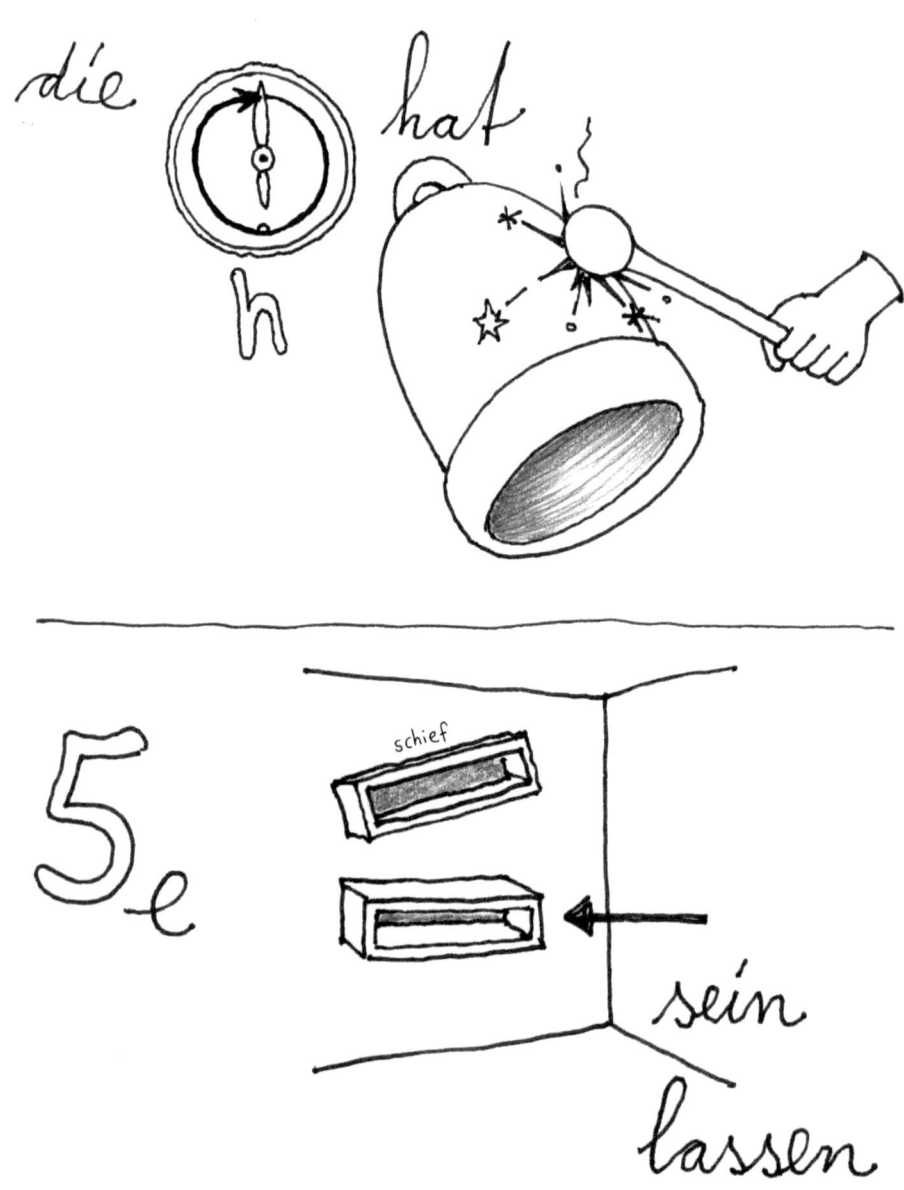

5e schief sein lassen

34

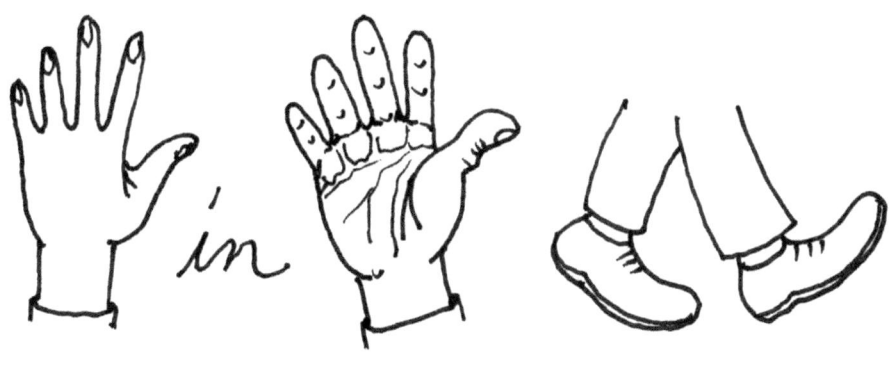

in

eine

haben

der

mit

den

den
anderen

das  bringen

etwas ... die

sagen

1  sein

 die

mit
1 und 2

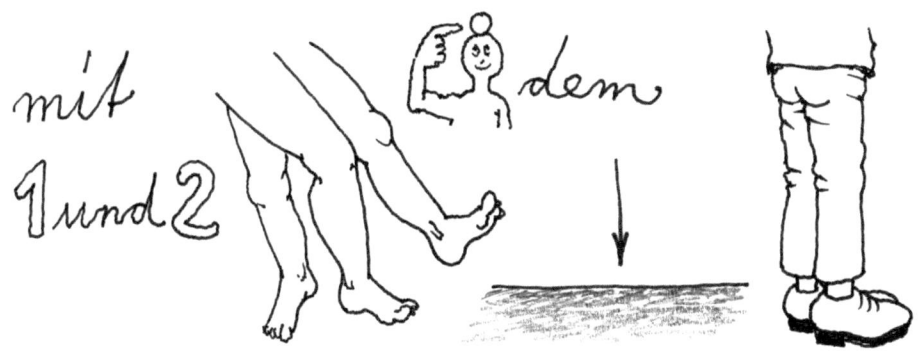

dem

komm RAUS!

OPEN

sich

hier  *es* *wie*

 wie eine

sich

der

befinden

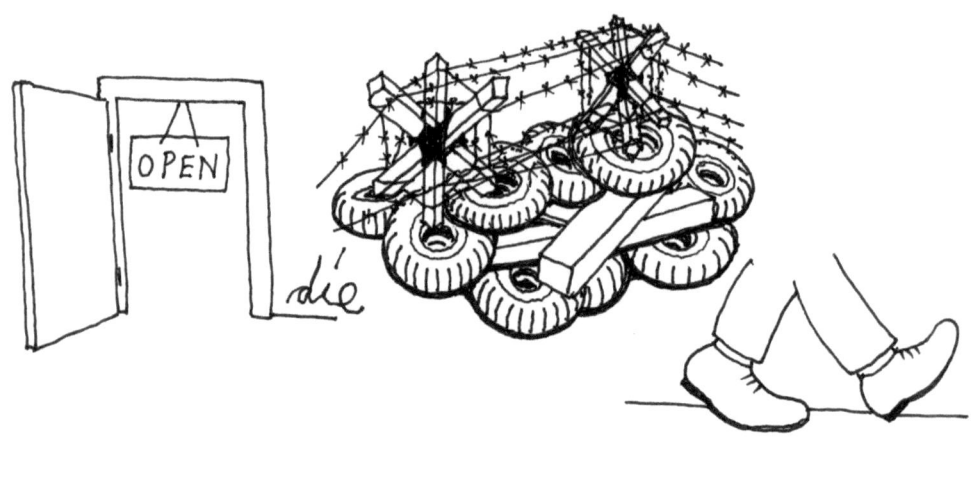

die

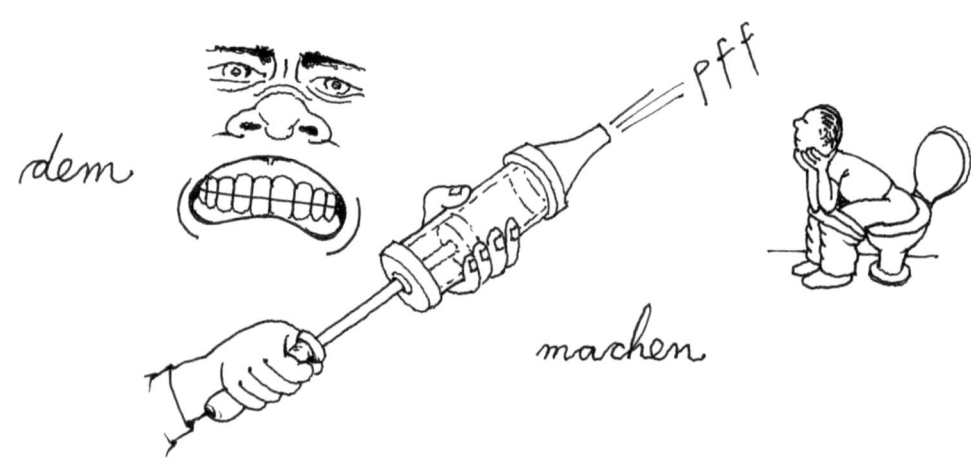

dem

machen

pff

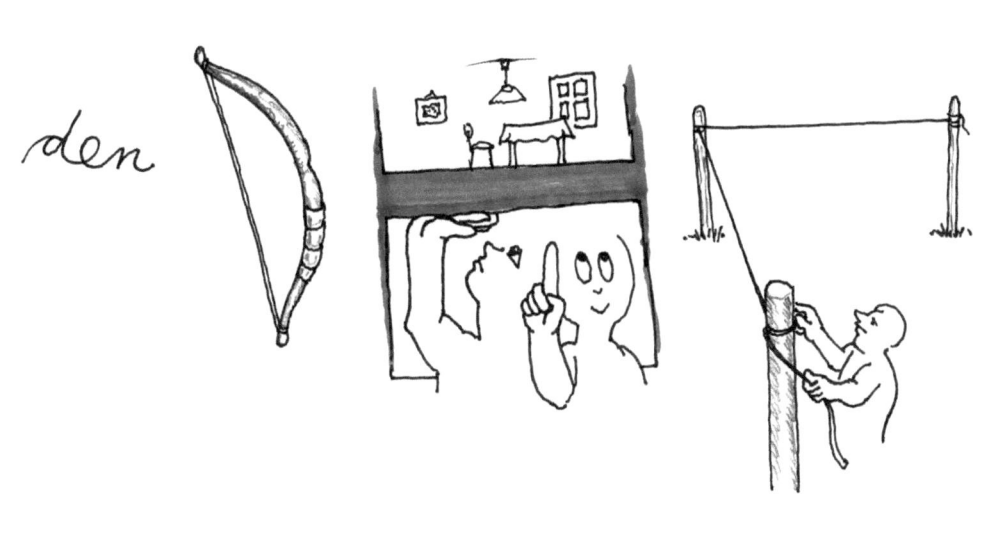

mit

die

mit dem

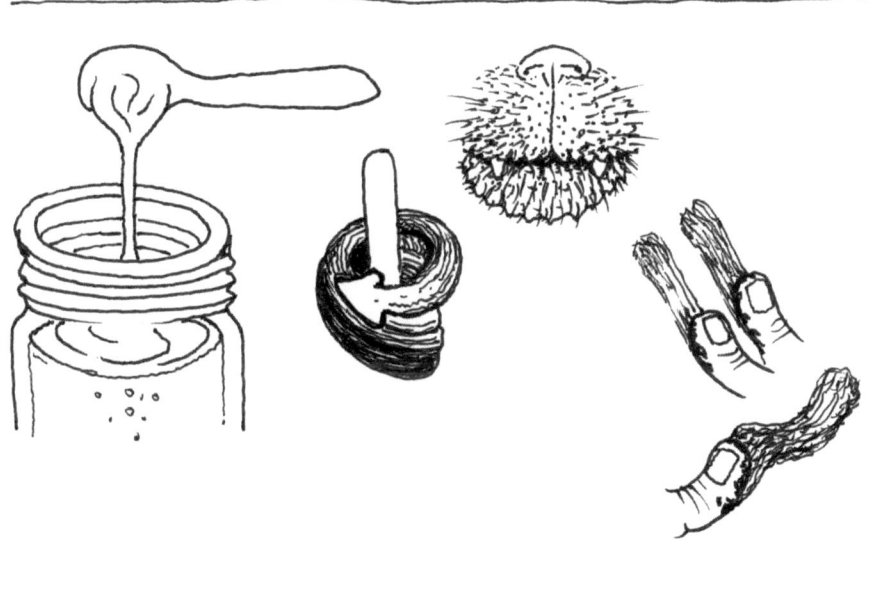

wie

der

es ist

es  die

die 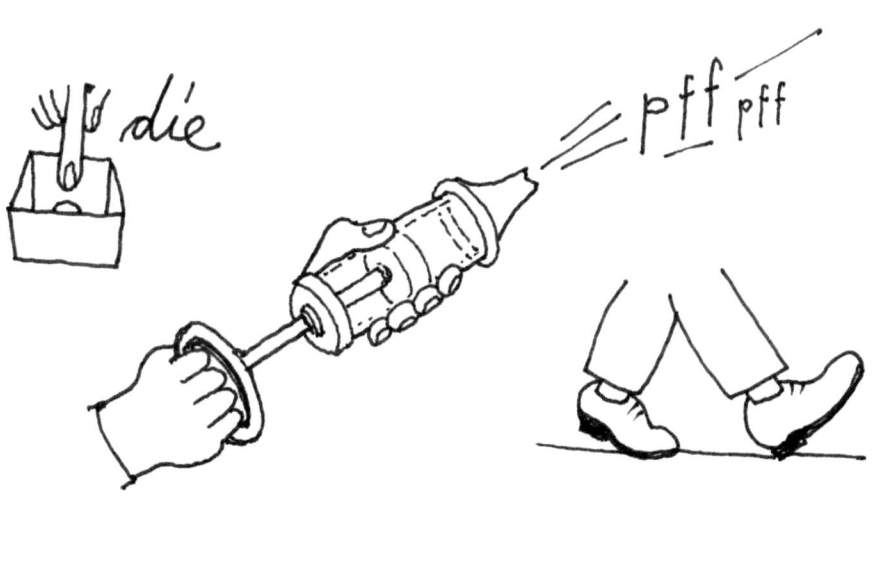 pff pff

49

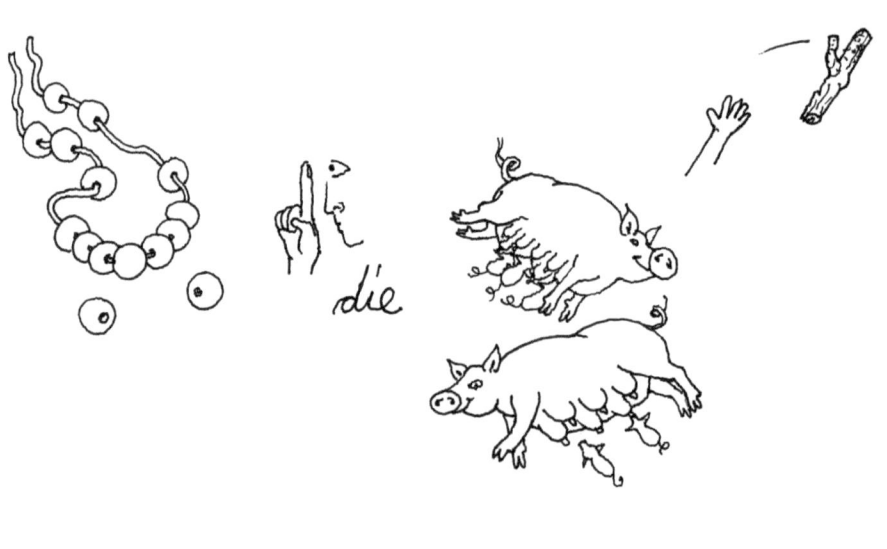

den

die im

den eigenen

hääh hääh? hääh? hääh?

als die

erlaubt

liz

von & keine haben

Zum

mit &

das ist k₁
1-s

ohne . & ,

sich die

nach | &

OFF
ON
dem
plaudern

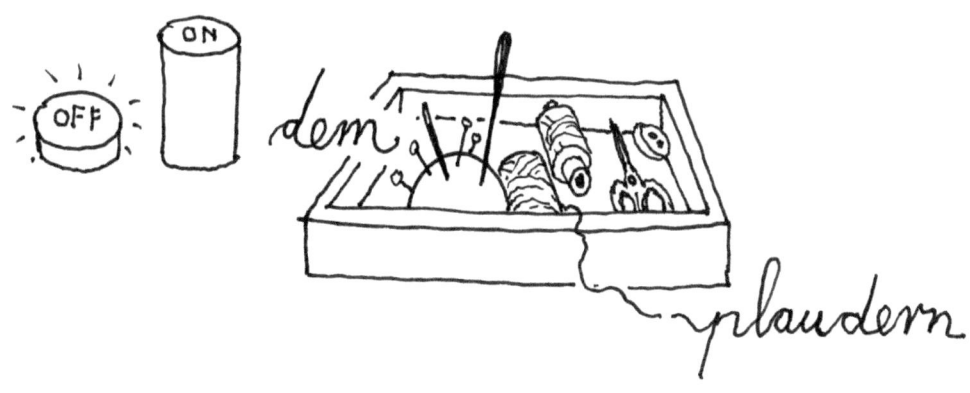

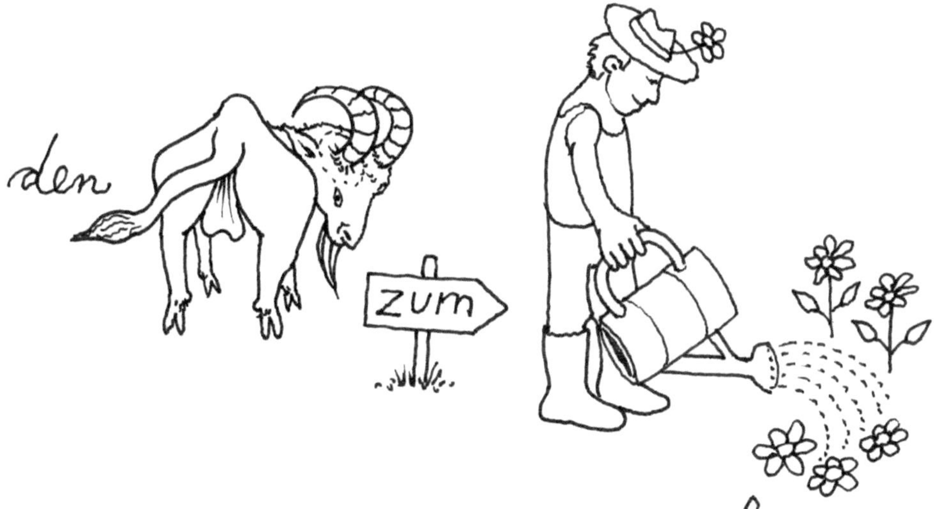
den
zum
machen

den

 *den*

 *stehen*

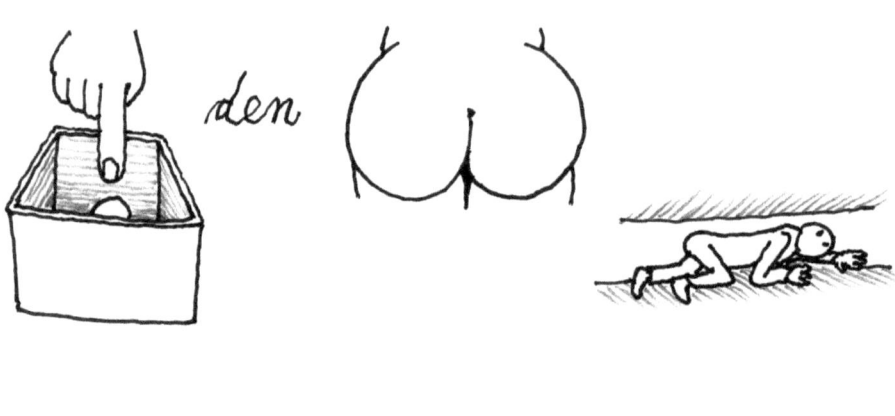 den

 ist gewachsen

nur die hat 1 ... FIN ... hat 2

mit  &

sich

ist die

den

gehört zum

Husch di Waldfee

Schnurz di Piepe

G T
Worte

den

bei &

das

im

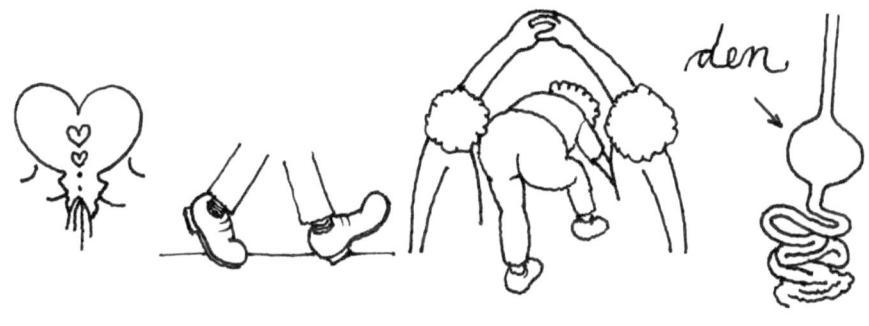

den

mit den

das

piez mit en.

mit

die  den

stellen

sich die 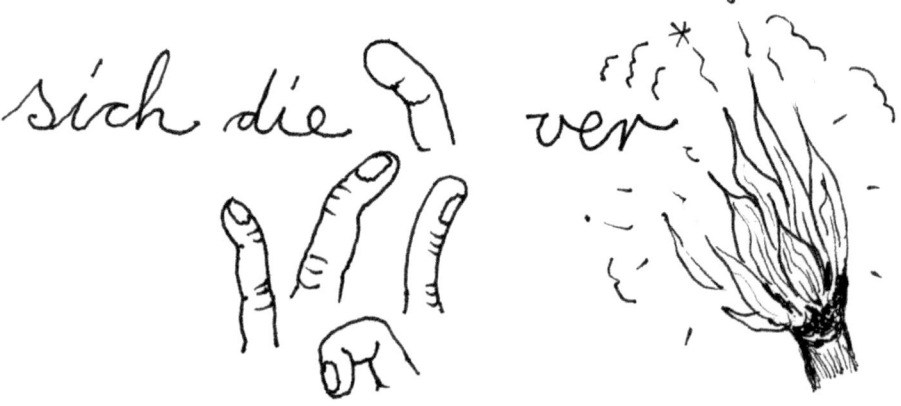 ver

sich 1

holen

in

geraten

73

mit  &

nach Αθήνα

ja es

Fortschritte.

wie 1

RUM

1

haben

hun &

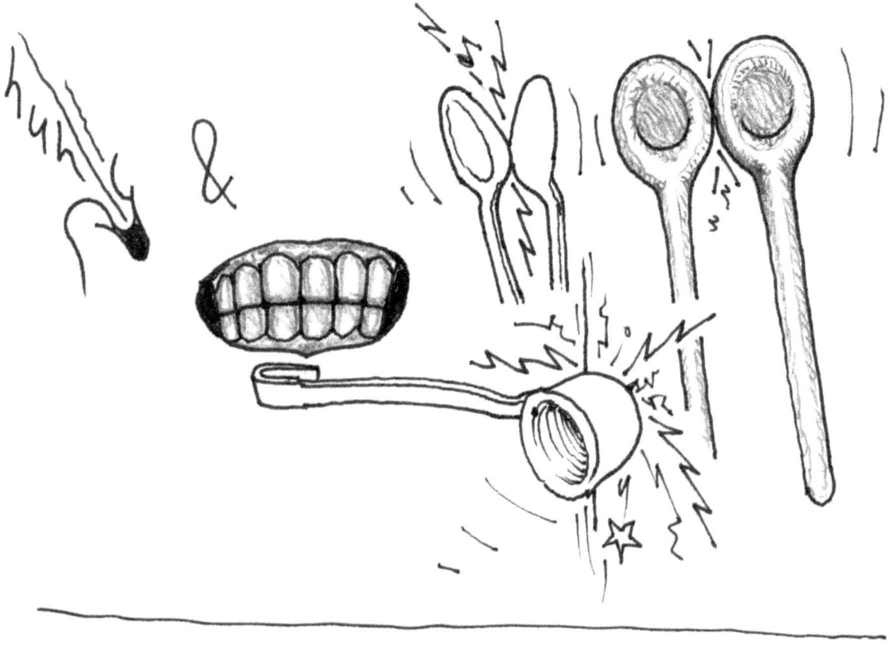

wie

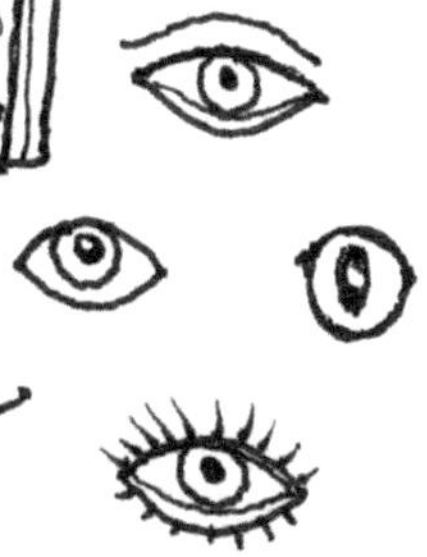

von den

das

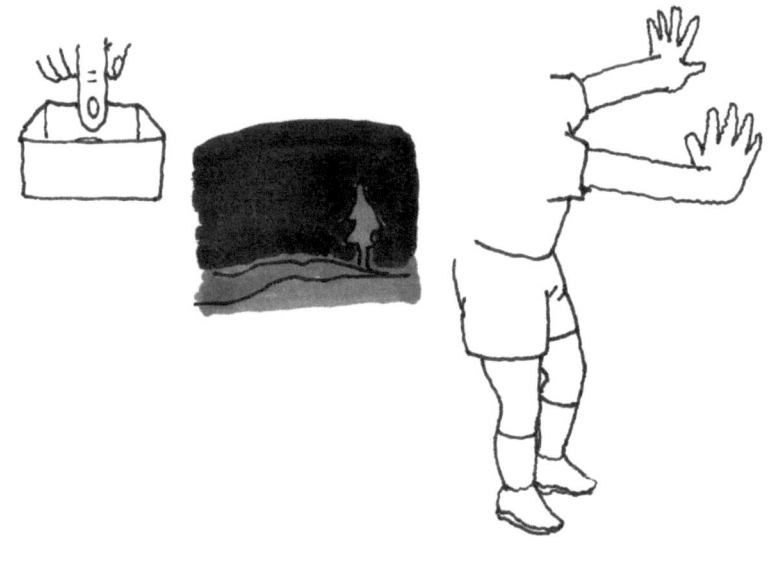

jemandem

den

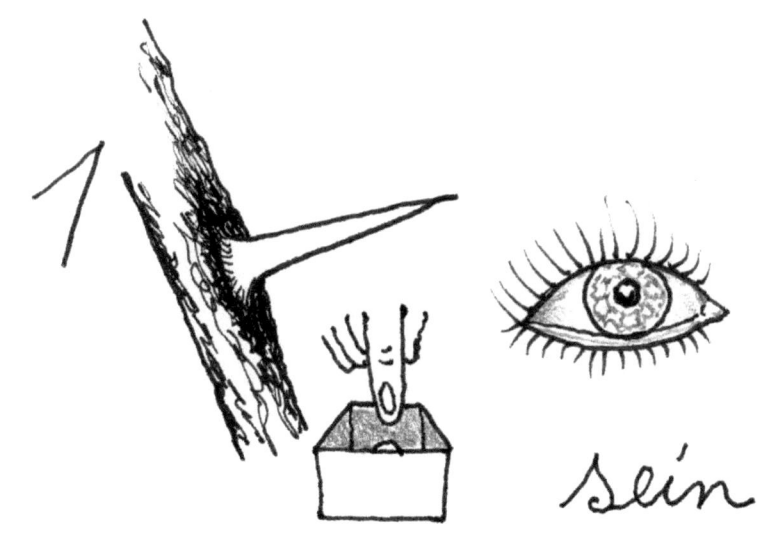

sein

sein

bei &

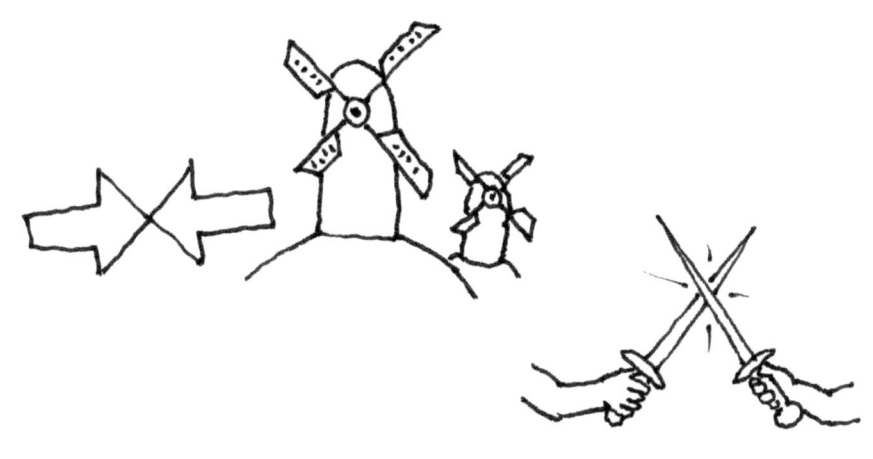

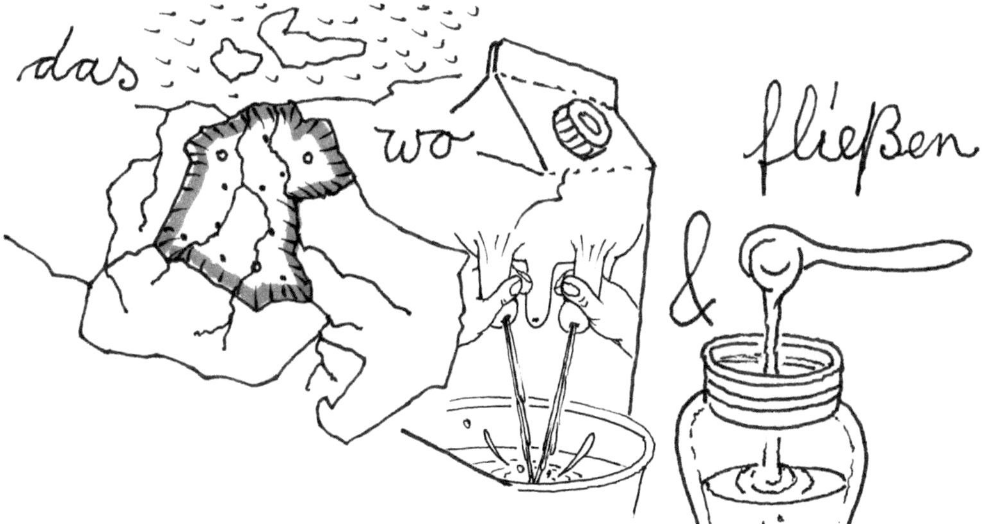

das

wo

fließen

&

das

hat k1e

seinen

close

machen

vom

ZUR

Pipifax

das

mit dem

AN

den • kommen.

sein  der

blau + gelb =

deine

das

da *die* *k* *!* *ab*

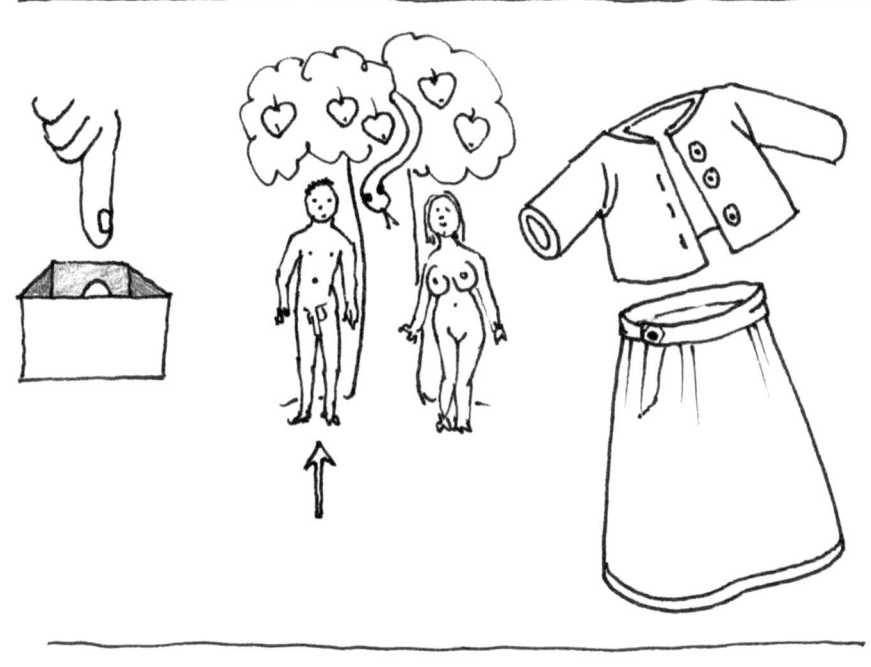

sein

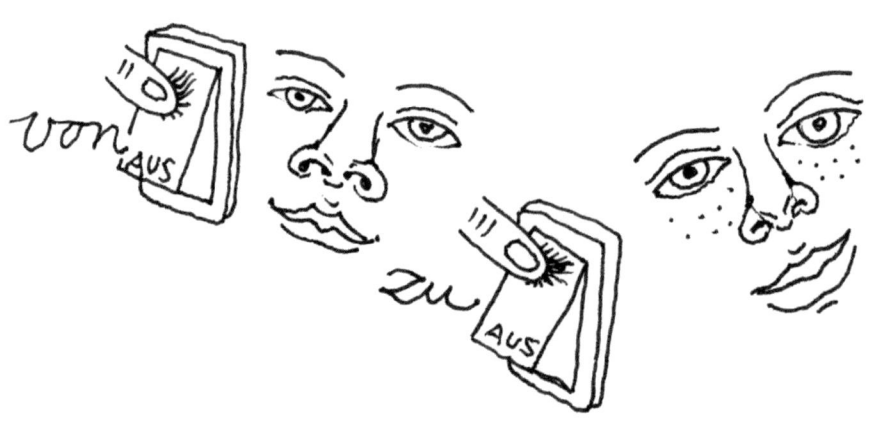

deines

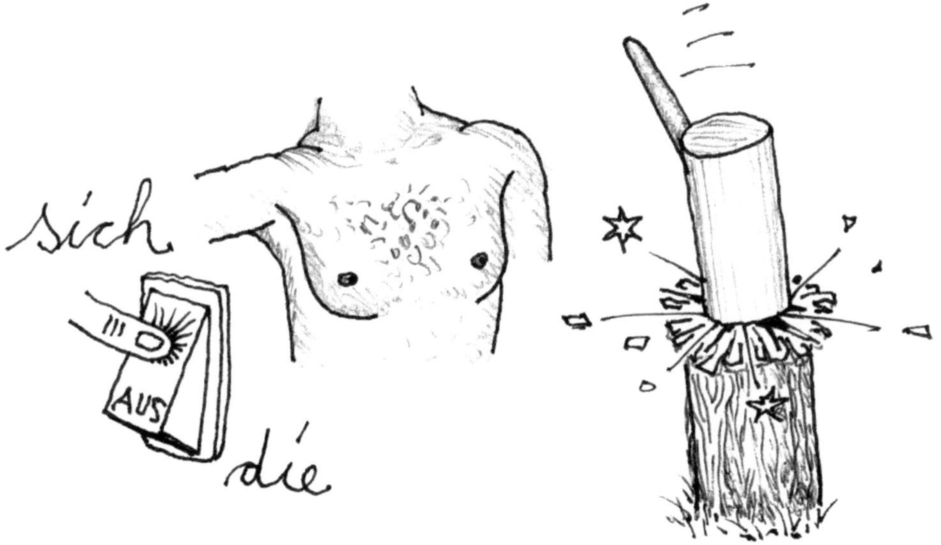

sich

die

lassen

sein

Übersetzungen

— — ❁ — —

— — ❁ — —

0 den Hut ziehen - die Ersten werden die Letzten sein
1 die Sinne schärfen - sich in die Arme fallen
2 ohne mit der Wimper zu zucken -
   sein Geschäft machen
3 mit spitzen Fingern anfassen -
   sich auf seinen Lorbeeren ausruhen
4 zur Zielscheibe werden - Schwarz-Weiß-Denken
5 die Kartoffeln aus dem Feuer holen -
   der innere Schweinehund
6 über den Tisch gezogen werden -
   sich etwas vor Augen halten
7 sich ein Hintertürchen offen halten - wie immer!
8 sich auf den Sprung helfen - der letzte Schrei
9 Gras darüber wachsen lassen -
   das Herz am rechten Fleck haben
10 sich zu weit aus dem Fenster lehnen -
   jemandem den Kopf verdrehen
11 aus dem Rahmen fallen - sich selbst ein Bein stellen
12 zwischen zwei Stühlen sitzen - die Suppe auslöffeln
13 mit den Hühnern schlafen gehen -
   bis dass sich die Balken biegen
14 die Spatzen pfeifen es von den Dächern -
   große Sprünge machen
15 ein Buch verschlingen - so so…
16 einen Vogel haben - eins auf die Mütze kriegen
17 den Stein ins rollen bringen - der Stein des Anstoßes
18 schlaftrunken sein - nach Hause gehen
19 sich aus den Augen verlieren -
   mit offenen Augen träumen
20 sich Flügel verleihen - wie bitte?

21 Hoch die Tassen! -
   eine Laus über die Leber gelaufen
22 sich das Maul zerreißen - Kopf hoch!
23 sich etwas hinter die Ohren schreiben -
   im Scheinwerferlicht stehen
24 mit dem linken Fuß zuerst auf gestanden -
   es ins Gesicht sagen
25 auf den Hund kommen - alle guten Dinge sind drei
26 das Gesicht verlieren -
   ein Tropfen auf den heißen Stein
27 der Himmel voller Geigen - der letzte Augenblick
28 offene Türen einrennen - ach du meine Nase
29 Berge versetzen - der Weisheit letzter Schluss
30 im Stich gelassen werden -
   angesichts dessen den Kopf hängen lassen
31 lange Zähne machen - die Augen offen halten
32 Auge um Auge und Zahn um Zahn -
   etwas ausbügeln
33 eins auf's Maul kriegen - nach den Sternen greifen
34 die Stunde hat geschlagen -
   Fünfe gerade sein lassen
35 Hand in Hand gehen - eine weiße Weste haben
36 der letzte Atemzug - mit erhobenem Zeigefinger
37 den Kopf schütteln - den anderen ausstechen
38 das Fass zum Überlaufen bringen -
   etwas durch die Blume sagen
39 ein kleines Licht sein - die Zeit anhalten
40 bis zum Anschlag - jemanden auf die Palme bringen
41 mit beiden Beinen auf dem Boden stehen -
   auf Teufel komm raus

42 sich rumkugeln - Hier geht es zu wie im Taubenschlag.
43 lachen wie eine Sommerwiese -
   sich in der Sackgasse befinden
44 auf die Barrikaden gehen - dem Ärger Luft machen
45 abwarten und Tee trinken - den Bogen überspannen
46 mit Kanonen auf Spatzen schießen -
   über die Klinge springen
47 mit dem ersten Hahnenschrei -
   Honig ums Maul schmieren
48 wie Butter an der Sonne - es ist zum Haaren raufen
49 es auf die Spitze treiben - in die Luft gehen
50 Perlen vor die Säue werfen - ins Wespennest stechen
51 einen Sack Flöhe hüten - ein Schuss in den Ofen
52 die Katze im Sack kaufen -
   über den eigenen Schatten springen
53 dümmer als die Polizei erlaubt -
   von Tuten und Blasen keine Ahnung haben
54 Zähne zeigen - zum Mond schießen
55 mit Sack und Pack - das ist kein Honigschlecken
56 alles in eine Schublade stecken - Maulaffen feilhalten
57 Zucker in den Hintern blasen - ohne Punkt und Komma
58 sich die Nacht um die Ohren schlagen -
   nach Strich und Faden
59 aus dem Nähkästchen plaudern -
   den Bock zum Gärtner machen
60 gegen den Strom schwimmen -
   Elefant im Porzellanladen
61 Haare auf den Zähnen - auf dem Schlauch stehen
62 in den Arsch kriechen -
   gegen Dummheit ist kein Kraut gewachsen

63 alles hat ein Ende, nur die Wurst hat zwei -
   Süßholz raspeln
64 mit Kind und Kegel - sich totlachen
65 Lachen ist die beste Medizin. -
   in den Kinderschuhen stecken
66 Klappern gehört zum Geschäft. -
   Husch husch, die Waldfee!
67 schnurzpiepegal - geflügelte Worte
68 Eierschalen hinter den Ohren - bei Wind und Wetter
69 das Richtige im Falschen -
   Liebe geht Durch den Magen.
70 mit den Wölfen heulen - das letzte Hemd verlieren
71 Ringelpiez mit Anfassen - mit offenen Karten spielen
72 die Bude auf den Kopf stellen -
   sich die Finger verbrennen
73 sich einen runterholen - inTeufels Küche geraten
74 mit Furz und Feuerstein - Eulen nach Athen tragen
75 ... - rumlaufen wie eine Leiche auf Urlaub
76 eine Leiche im Keller haben -
   Heulen und Zähneklappern
77 wie Schuppen von den Augen fallen -
   das jüngste Gericht
78 im Dunkeln tappen - jemandem geht ein Licht auf
79 den ersten Stein werfen - ein Dorn im Auge sein
80 sein Kreuz tragen - bei Wasser und Brot sitzen
81 gegen Windmühlen kämpfen -
   das Land, wo Milch und Honig fließen
82 das letzte Hemd hat keine Taschen. -
   seinen Weg machen
83 Schwerter zu Pflugscharen -
   vom Scheitel bis zur Sohle

84 durch Mark und Bein gehen -
   Blut und Wasser schwitzen
85 Pipifax - das Kind mit dem Bade ausschütten
86 ein verlorenes Schaf - auf dem Punkt kommen
87 sein Herz auf der Zunge tragen -
   auf keinen grünen Zweig kommen
88 Hüte deine Zunge. - das große Los gezogen
89 Da beißt die Maus kein Faden ab! - im Adamskostüm
90 sein Herz ausschütten - von Angesicht zu Angesicht
91 im Schweiße deines Angesichts -
   sich an die Brust schlagen
92 einen fahren lassen - unterwegs sein

Zugabe

1 en

das  zelmen haben

Dank an

—— —  — ——

Sieglinde Josh

Dora Christian

Leonore   Isolde

Patrick   Gio

Conny Poul Elfe

Heidi & Phil

bisher erschienen :

— — ✿ — —

ISBN-10: 9783738693843
ISBN-13: 978-3-7347-5373-2

ISBN-10: 9783738694369
ISBN-13: 978-3-7347-5892-8

ISBN-10: 9783738694741
ISBN-13: 978-3-7347-5989-5

Maren Roloff
BilderRätsel
Taschenbuch
68 Seiten
14,8 x 21cm

erschienen bei
Books on Demand.

mehr Info über Maren Roloff
www.galactic-jokes-berlin.de

galactic jokes berlin ☀

Maren Roloff
BilderRätsel für Frauen
Komik und Hirnjogging

ISBN-10: 3734767547
ISBN-13: 978-3734767548

Taschenbuch, 88 Seiten
14,8 x 21cm
erschienen bei
Books on Demand.

ein schönes Geschenk !

Maren Roloff
BilderRätsel für Frauen
Komik und Hirnjogging

ISBN-10: 373476873X
ISBN-13: 978-3734768736

Taschenbuch, 88 Seiten
14,8 x 21cm
erschienen bei
Books on Demand.

statt Blumen !
(oder nur einer
Postkarte für 1,20 ;)

galactic-jokes-berlin.de